NOTICE BIOGRAPHIQUE

SUR

Mgr. Louis-Robert PAYSANT.

NOTICE

BIOGRAPHIQUE

SUR

Mgr. LOUIS-ROBERT PAYSANT,

ÉVÊQUE D'ANGERS,

ancien vicaire-général

DU DIOCÈSE DE BAYEUX ;

PAR

M. l'Abbé Laffetay,

Professeur au petit seminaire de Villiers-le-Sec (Calvados).

CAEN.—IMPRIMERIE DE A. HARDEL.

1842.

———

Tout est digne d'intérêt dans la vie des hommes que la Providence a tirés d'une condition obscure, pour les élever aux premières charges de l'Etat, ou aux dignités de l'Eglise. Les moyens par lesquels ils ont grandi, surtout s'ils sont restés purs de toute intrigue ; le chemin, semé d'obstacles, qu'ils ont parcouru ; l'immuable fixité ou la mobilité de leur caractère, mise en relief par la variété des situations, tout en eux provoque les réflexions du sage, et fournit à la multitude de salutaires enseignements. C'est ainsi qu'on aime à retrouver dans ce roi conquérant, dont les armes firent trembler les ennemis d'Israël, l'humble fils de Jessé, qui, long-temps, avai exercé sa valeur contre les animaux sauvages. De même, quand l'histoire nous montre Vincent de Paul donnant des conseils aux rois, notre esprit se reporte avec plaisir vers les occupations champêtres au milieu desquelles s'écoula son enfance.

Telle a été la vie que nous entreprenons d'écrire : vie pleine de contrastes et d'incidents variés, mais surtout pleine de bonnes œuvres, de travaux importants, de luttes courageuses. Notre récit sera simple et fidèle. Nous ne croyons pas qu'il soit nécessaire de recourir à l'exagération, pour louer les vertus et les grandes qualités du Prélat, sur la tombe duquel nous déposons cet hommage.

Louis-Robert PAYSANT nâquit, le 25 mai 1787, au village de Crosville (Calvados), qui appartenait alors à la commune de St.-Germain-d'Ectot, et qui depuis a été réuni à celle de Torteval. Son père se nommait Louis Paysant, et sa mère Marie-Françoise Bessin. Nous le dirons sans rougir : sa famille était pauvre ; elle n'avait d'autres ressources que le travail des mains, et la culture d'un petit champ ; mais elle vivait dans la crainte et l'amour de Dieu, elle jouissait d'une réputation sans tache, et possédait l'estime de tous ses voisins. Heureux celui qui est appelé à recueillir un pareil héritage !

M. Paysant était encore au berceau quand il perdit sa mère. Privé des soins maternels, il eut le bonheur de les retrouver dans ceux d'une tante, à laquelle il avait été confié par son père. Ce fut cette pieuse femme qui lui enseigna les éléments de la doctrine chrétienne ; car, à cette époque, la révolution avait chassé de leurs paroisses les Pasteurs fidèles à l'Eglise. Cependant, les habitants de nos campagnes protestèrent contre l'abolition du culte catholique. Souvent ils se réunissaient pour chanter les prières de la liturgie, ou simuler courageusement quelque pompe religieuse. Ceux qui attribuent aux premiers penchants du cœur une influence sur le reste de la vie, apprendront avec plaisir que le jeune Paysant assistait à ces saintes assemblées, et se faisait honneur de porter la croix à la tête de la procession villageoise. Ces souvenirs de son enfance lui ont toujours été chers : il ne parlait jamais sans attendrissement du champêtre édifice où il avait fait sa première communion ; et l'on sait de quel respect filial il entoura, jusqu'à la fin de sa vie, le vénérable Ecclésiastique qui lui avait procuré ce bonheur (1).

Enfin les proscriptions cessèrent avec la terreur, et les Prêtres reparurent au milieu des populations qu'affligeait leur absence. M. Gaugain, curé de Parfouru-le-Clin, homme distingué par sa vertu et par sa science, quitta l'exil un des premiers. Il connaissait le jeune Paysant, et estimait sa famille ; frappé de son intelligence, il le prit en affection, et lui donna une instruction religieuse très-solide et très-étendue. L'enfant fit des progrès rapides : au catéchisme, il laissa derrière lui tous ses concurrents ; il soutint même, avec avantage, une épreuve bien plus redoutable, à laquelle son pieux instituteur n'avait pas craint de l'exposer. Il fut présenté à Monseigneur Brault, dans le cours de ses visites pastorales, et interrogé par le Prélat, dont M. Gaugain osa provoquer la sévérité, comme un autre, en pareil cas, eût imploré son indulgence. Le jeune Paysant répondit avec autant de précision que d'assurance aux questions qui lui furent adressées ; sa mémoire et son jugement triomphèrent de toutes les difficultés que Sa Grandeur prit plaisir à lui faire résoudre : aussi daigna-t-elle le féliciter dans les termes les plus affectueux. Cependant Elle était loin de prévoir que le protégé de M. Gaugain serait bientôt un administrateur habile, le conseiller et l'ami de son Évêque.

Mais la Providence, qui le destinait au gouvernement

(1) M. Guy, curé de Livry, mort en 1835.

d'un Diocèse, ne devait point laisser son esprit sans culture. Quoique appliqué souvent à des travaux manuels, auxquels son père le croyait sans doute condamné pour toujours, il fréquenta néanmoins l'école primaire de Livry; et la supériorité qui, au catéchisme, l'avait distingué de ses rivaux, le plaça bientôt au-dessus de tous ses condisciples. Elle était si peu contestée, que les hommes d'un âge avancé le consultaient volontiers sur leurs affaires. Il était souvent occupé à régler les héritages, à fixer les limites des propriétés, à terminer des différents ; il s'exerçait même à l'administration, pour laquelle le Maire de St.-Germain-d'Ectot semblait avoir deviné son aptitude ; car il l'employait quelquefois en qualité de secrétaire.

Singulier rapprochement ! L'école primaire de Livry était alors dirigée par l'instituteur qui la dirige encore aujourd'hui. Or, en 1824, M. Paysant, Provicaire-général, ayant été chargé de la surveillance des écoles, les instituteurs furent soumis à son inspection. Le maître et l'élève se retrouvèrent donc en présence ; les rôles, il est vrai, étaient intervertis, mais M. Vintras n'eut pas lieu de s'en plaindre : un témoignage de bienveillance et de gratitude lui fut accordé par celui dont il avait encouragé les premiers efforts.

M. Paysant était âgé de 20 ans quand il conçut le projet d'entrer dans l'état ecclésiastique. Ce projet fut vivement combattu par sa famille, ce qui ne l'empêcha pas d'en poursuivre l'exécution avec une volonté inébranlable. Il fut d'abord initié aux éléments de la langue latine, par M. Le Boucher, alors vicaire de Parfouru, et maintenant curé de la Bazoque. Il vint ensuite à Bayeux, et se réunit à un petit nombre d'élèves ecclésiastiques que dirigeait M. l'abbé Le Blanc, Père de la Foi. Le 16 mai 1808, Monseigneur Brault ouvrit le séminaire de Bayeux ; M. Paysant continua d'y étudier la grammaire. Deux ans après, il suivit les cours du collége, auxquels ceux du séminaire avaient été réunis; et là, comme à l'école primaire, il a laissé d'honorables souvenirs. En 1810, nous le trouvons nommé parmi les lauréats de la classe de Seconde, quoiqu'il eût parcouru très-rapidement les classes inférieures, comme on vient de le voir. En 1811, il obtient, en Rhétorique, le prix d'excellence, le prix de discours latin, et deux autres nominations. Il est reçu bachelier-ès-lettres le 29 février 1812. Il consacra les années suivantes à l'étude de la Philosophie et à celle de la Théologie, qui étaient enseignées, au séminaire, par M. l'abbé Maupas, maintenant curé de Vassy, et par M. l'abbé Beaumont, aujourd'hui Vicaire-général; mais il fut distrait de ces études par l'administration temporelle du séminaire, dont le Supérieur, M. l'abbé Durozier, lui avait confié presque tous les détails; de sorte qu'il n'avait pu pénétrer fort avant dans les sciences ecclésiastiques, lorsqu'il fut ordonné prêtre, à la fin de l'année 1814, et envoyé en qualité de vicaire à St.-Pierre de Caen. Là, il eut le bonheur de trouver dans M. Boscher, curé de cette paroisse, un homme qui joignait à une piété éminente des connaissances théologiques très-étendues et très-profondes. Il étudia sous sa direction, mit à profit ses lumières et son expérience; il le regardait comme son véritable professeur de théologie. Tandis qu'il s'inspirait aux leçons et aux exemples de ce Prêtre vénérable, M. Paysant commençait à remplir lui-même, avec édification et avec succès, les devoirs du ministère Evangélique. Est-il besoin d'en faire la remarque? M. Paysant fut toujours un Prêtre selon le cœur de Dieu. Nous avons quelquefois entendu critiquer les actes de son administration; mais, nous le disons hardiment, sa vertu n'a jamais été dépréciée. La ville de Caen n'a point oublié qu'il seconda puissamment par son zèle les

travaux des missionnaires de France, pendant la station
de 1816; et le peuple aime à se rappeler, que le jour où
l'on planta la croix de mission, à l'extrémité de la ville,
la pompe religieuse fut organisée par M. Paysant.

A l'époque de la révolution, le grand séminaire de
Bayeux, fondé en 1693, par Monseigneur de Nesmond,
avait été enlevé à sa destination, et transformé en caserne.
En 1815, Monseigneur Brault jugea que le moment était
venu de réclamer cette propriété diocésaine. L'avis de M.
de Bertier, préfet du Calvados, ayant été favorable, une
ordonnance royale, du 25 avril 1816, fit droit à cette
réclamation; mais, le 9 août de la même année, le Maire
de Bayeux, au nom du conseil municipal, se pourvut,
auprès du Conseil d'Etat, contre l'ordonnance du 25 avril.
Informé de cette opposition, Monseigneur l'Evêque dé-
puta auprès du Ministre de l'intérieur, chargé des affaires
ecclésiastiques, M. l'abbé Paysant (1). Celui-ci eut le
bonheur de réussir dans cette mission délicate : il obtint
du Ministre une lettre adressée à M. le Préfet, et qui lui
enjoignait de prendre les mesures nécessaires pour que
l'ordonnance du 25 avril fût exécutée sans retard ni diffi-
culté. Néanmoins le conseil municipal de Bayeux poursuivit
son instance, et il fallut que Monseigneur Brault se rendît
lui-même à Paris, pour faire cesser la lutte. Une seconde
ordonnance, rendue le 30 janvier 1819, le mit définitive-
ment en possession du grand séminaire. Ce beau monument,
élevé par la charité d'un de nos plus saints Evêques, fut
restauré par les soins de son digne successeur, et reçut,
en 1820, les aspirants au sacerdoce.

Peu de temps après, une dame, dont les pieuses lar-

(1) Nommé vicaire de St.-Pierre, en 1815, M. l'abbé Paysant rem-
plit néanmoins les fonctions d'Econome au grand séminaire, pendant
l'année scolaire 1816-17.

gesses avaient déjà contribué à la prospérité de cet éta-
blissement (1), y fonda des bourses et des demi-bourses,
qui, chaque année, sont le prix d'un concours. M. Paysant ne fut point étranger à cette fondation. De même,
quand on construisit, à la Délivrande, la maison occupée
par MM. les Missionnaires, l'Ecclésiastique (2) qui accorda les premiers fonds nécessaires pour l'entreprise, y fut
déterminé par les conseils de M. Paysant. C'est une des-
tinée glorieuse pour lui, d'avoir ainsi attaché son nom à
la plupart des bonnes œuvres contemporaines, et d'avoir
acquis, d'une manière si légitime et si honorable, la confiance de son Evêque. Il en reçut une marque éclatante
au mois d'août 1848. La communauté de l'Hospice St.-
Louis, à Caen, allait s'éteindre : M. Paysant y fut envoyé
en qualité de chapelain ; bientôt elle redevint florissante,
et depuis cette époque, elle n'a cessé de justifier l'intérêt
qu'elle inspire par l'importance des services qu'elle rend à
l'humanité. En même temps, une ordonnance épiscopale
nommait le nouveau Directeur de l'Hospice Provicaire-
général *in temporalibus.*

Il n'est pas inutile de faire connaître les attributions de
cette dignité. Le Provicaire était chargé spécialement de la
comptabilité des fabriques ; il devait discuter et approuver
leurs budgets ; leur faire remplir les formalités prescrites
pour les réparations et acquisitions d'églises et de pres-
bytères ; traiter avec le Préfet pour tout ce qui concerne
l'administration temporelle du Diocèse ; signer, au nom
de l'Evêque, tous les actes relatifs à ces différents objets.

L'étendue de ces attributions fournit bientôt à M. Paysant l'occasion de déployer ses talents et son activité.
les travaux qu'il entreprit, comme Provicaire-général,

(1) Madame Néel de Montbosq.

(2) M. l'abbé Delauney.

furent immenses. Pour s'en faire une juste idée, il faudrait
avoir lutté, comme lui, contre les difficultés de tout genre
que présentait alors cette partie de l'administration. Or-
ganiser les fabriques, dont la plupart étaient sans reve-
nus ; les faire rentrer dans la possession de leurs biens
injustement aliénés, ou leur créer, avec la location des
bancs, des ressources suffisantes ; renouer les fils de leur
comptabilité, et l'établir sur des bases nouvelles ; négocier
avec les communes, tantôt la réparation d'une église, tantôt l'acquisition d'un presbytère ; vaincre l'opposition des
unes, stimuler l'indifférence des autres ; surveiller et ré-
gulariser les démarches des autorités locales, quand il se
présentait une circonstance favorable, pour obtenir l'érec-
tion d'une annexe en succursale ou d'une succursale
en cure ; voilà une partie des embarras qu'il rencontra
dans l'exercice de sa charge. Il leur opposa une ardeur
infatigable, et une persévérance que le succès couronna
presque toujours. Sa volonté se raidissait contre les obstacles ; et ceux qui prétendaient expliquer sa conduite par
elle-même, sans tenir compte des motifs qui l'avaient dé-
terminée, étaient exposés à confondre cette fermeté d'âme
avec ce qu'ils appelaient une inflexible rigueur. Au reste,
il est aisé de le comprendre, le caractère contentieux
des affaires, qui occupaient habituellement sa pensée,
devait réagir sur son esprit, naturellement sérieux et
austère. Quand on le surprenait au milieu de ses travaux, sa politesse était froide, et il semblait ordinairement préoccupé. Il prenait peu d'intérêt à ces conversa-
tions frivoles ou, si l'on veut, à ces causeries légères qui
occupent tant de place dans la vie mondaine ; il n'abor-
dait pas plus volontiers les discussions métaphysiques, où
l'esprit s'exerce sans fruit sur de vagues théories, souvent avec plus de subtilité que de justesse. Mais aussitôt
que vous lui présentiez le côté positif d'une question ou

d'une affaire, son esprit se mettait en communication avec le vôtre ; la forme de ses idées était nette et précise, son argumentation énergique, sa diction ferme et soutenue ; il embrassait d'un coup-d'œil toute l'étendue et tous les rapports du sujet, prévoyait toutes les éventualités, répondait à toutes les objections, tirait des conclusions lumineuses, vous étonnait par la puissance et la fécondité de ses ressources, et ne vous quittait jamais sans vous laisser une opinion favorable de sa prudence, de sa franchise et de sa bonne foi. Pour le peindre par un trait, nous dirons qu'il préférait le bon sens à l'esprit, et prétendait que les gens d'esprit sont ordinairement ceux qui savent le mieux faire une sottise. Avec ces qualités et ces défauts, M. Paysant ne pouvait guère être apprécié par ceux qui s'arrêtent à la surface, et la veulent toujours brillante et polie ; mais les magistrats, les hommes à pensées graves lui rendaient une prompte justice, et nous ne craignons pas d'être démenti, en affirmant qu'il comptait, parmi les membres les plus distingués de la cour royale et du barreau de Caen, des admirateurs sincères.

La nature lui avait refusé plusieurs des facultés qui constituent l'orateur, et en particulier, l'imagination. Improviser une allocution était pour lui un travail pénible. Mais si ses discours n'étaient remarquables, ni par le coloris des images, ni par l'abondante variété du style, ils étaient nourris de pensées solides et édifiantes : ils portaient l'empreinte de sa sagesse et de sa piété. Bourdaloue était son auteur favori, et l'on reconnaît le génie de cet excellent prédicateur, dans les deux mandements que Monseigneur Paysant a composés pour son Diocèse, et auxquels il faut ajouter celui que le Chapitre de Bayeux le chargea de publier à la mort de Monseigneur Dancel. Il semble avoir voulu se peindre lui-même, quand il dit à ses Prêtres : « Accoutumés ainsi à puiser vos connais-

« sances dans l'Ecriture et le dépôt sacré de la tradition,
« vous ne penserez pas, comme quelques esprits vains et
« superbes, que nous en soyons venus à des temps où la
« religion de J. C. doive revêtir des formes nouvelles, et
« admettre des modifications dans ses divins enseignements,
« et dans les points essentiels de sa morale ; mais, suivant
« le précepte de l'Apôtre, vous éviterez ces profanes nou-
« veautés de langage, et tout ce qu'on oppose à la vérité
« sous le faux nom de science ; vous continuerez à instruire
« vos peuples dans la simplicité si sublime de l'Evangile ;
« vous tiendrez invariablement à ces règles de conduite,
« universellement reçues, et si sagement posées dans les
« précieuses conférences du clergé même, dont vous devez
« vous glorifier d'être les successeurs (1). »

Toutefois cet éloignement qu'il exprime ici pour les nouveautés dangereuses, ne le rendait pas ennemi d'un sage progrès. Il voyait avec plaisir les sciences, qu'il n'avait pas eu le loisir de cultiver, introduites dans l'enseignement clérical ; et quand M. de Caumont fonda la Société française pour la Conservation des monuments historiques, il fut un des premiers membres de cette société, qui le choisit pour son secrétaire. Mais il était un genre d'étude vers lequel il se sentait entraîné, autant par inclination que par devoir : c'était l'étude de la jurisprudence ecclésiastique, dans ses rapports avec la législation civile. Il trouvait un attrait particulier à compulser les jurisconsultes et les canonistes, à concilier les textes, à les expliquer les uns par les autres, pour en faire une application judicieuse, et toujours restreinte à la délibération présente. Placé sur ce terrain, il n'était inférieur à personne ; et ceux qui soutiennent que, même dans une grande administration, tout se réduit à un simple méca-

(1) Lettre pastorale.

nisme, auraient été désabusés, si, mettant de côté toute prévention, ils eussent entendu M. Paysant discuter une affaire importante. Pour nous, nous nous permettons de penser qu'il n'y a pas loin d'un habile administrateur à un homme de génie.

Appliquée à M. Paysant, cette expression n'a rien d'exagéré. Souvent, en effet, une sagacité instinctive lui révélait ce que l'enseignement ne lui avait point appris. Nous avons dit que ses études théologiques avaient été incomplètes à l'origine; cependant, toutes les fois que les circonstances l'obligeaient à traiter une question en particulier, il la creusait avec une facilité surprenante. Ce jugement ne nous appartient pas; il a été porté devant nous par un théologien, dont personne ne déclinerait la compétence, s'il nous était permis de citer son nom.

Ce qui n'est pas moins incontestable, c'est que les soins accablants de l'administration n'ont jamais desséché dans le cœur de M. Paysant l'onction de la piété, ni même émoussé sa sensibilité naturelle. Les personnes qui ont eu le bonheur de recevoir ses conseils au saint tribunal, savent tout ce que son cœur renfermait de dévouement affectueux. L'auteur de cette notice l'a vu pleurer souvent, en racontant les détails d'une mort édifiante à laquelle il venait d'assister, soit dans l'hospice où il habitait, soit dans les autres communautés dont il était le directeur. Combien de fois ne s'est-il pas arraché à des occupations urgentes, pour venir s'asseoir au chevet d'un pauvre malade, écouter ses plaintes, lui prodiguer des consolations, et lui apprendre à aimer ses souffrances!... Hélas! nous racontons encore ce que nous avons vu, et ce souvenir, auquel viennent se mêler nos larmes, n'est pas moins un tribut de reconnaissance qu'un hommage rendu à la charité du pieux confesseur. Il est inutile d'ajouter que M. Paysant célébrait tous les jours la sainte Messe, et qu'il s'y préparait avec ferveur. Il entendait ensuite les confessions de tous ceux qui se présentaient. Le dimanche, il se délassait des fatigues de la semaine en faisant le catéchisme aux petits enfants. Cette continuelle diversion que les exercices de la piété et les devoirs du saint ministère apportaient à ses travaux administratifs, fut l'aliment de ses vertus sacerdotales, et un des traits les plus admirables de sa vie. Il n'est point échappé à ses Diocésains. « Qui n'a pas remarqué, s'écrie l'auteur de son Oraison funèbre (M. Gourdon, curé de la cathédrale d'Angers), la facilité avec laquelle il passait des soins extérieurs et de l'accablement de ses visites pastorales au recueillement de la prière et de nos saintes solennités ? C'est dans ces communications avec Dieu qu'il renouvelait son âme, en les prolongeant jusque dans le silence de la nuit. »

Nous avons interrompu le récit des faits, pour réunir, dans un même tableau, les différents aspects sous lesquels on peut envisager la vie sacerdotale de M. Paysant. Maintenant nous allons grouper quelques dates importantes qui se rattachent à cette partie de son existence.

En 1819, Monseigneur Brault le nomma Chanoine de Bayeux. Promu lui-même à l'Archevêché d'Alby, le Prélat, qui trouvait dans son Provicaire une coopération chaque jour plus active, lui proposa, en 1823, de l'accompagner, en qualité de Vicaire-général, dans son nouveau Diocèse. Mais M. Paysant continua d'exercer les fonctions de Provicaire, dans celui de Bayeux, pendant l'Episcopat de Monseigneur Duperrier. En 1827, Monseigneur Dancel remplace ce Pontife sur le siége de Bayeux, et accorde à M. Paysant des lettres de Vicaire-général. Le 5 juin 1831, il le désigne pour succéder à M. l'abbé Boscher, l'un des Vicaires-généraux titulaires, et sous-doyen du Chapitre. En

montrant comment les services de M. Paysant étaient ap-
préciés par nos vénérables Prélats, chacune de ces promo-
tions ajoutait un nouvel éclat à la considération que son
mérite lui avait acquise ; mais elles ne pouvaient ajouter
au dévouement par lequel il répondait à la confiance
dont il était dépositaire. Il entretenait avec le secré-
tariat de l'Evêché une correspondance très-suivie ; il se
rendait chaque semaine au conseil épiscopal, pour soumettre aux délibérations communes les affaires de son
ressort, et prendre connaissance des mesures que Monseigneur l'appelait à soutenir. Dans ses rapports avec ses
supérieurs, avec ses collègues, avec ses inférieurs, M.
Paysant fut toujours l'homme du devoir ; il lui sacrifia
constamment son repos, ses jouissances les plus légitimes,
et parfois sa popularité.

Cependant sa réputation avait franchi les limites du
Diocèse de Bayeux. Il accompagna Monseigneur Robin
dans deux voyages que fit le Prélat, l'un à Paris en 1836,
l'autre à Coutances en 1838, et fut agrégé au Chapitre de
ces deux Diocèses. De toutes parts des consultations lui
étaient adressées, et sa grande capacité était connue
depuis long-temps au Ministère des cultes. Aussi, quand
un siége épiscopal devenait vacant, il était un de ceux
que l'opinion publique désignait pour le remplir. L'opinion publique, il est vrai, n'est pas toujours équitable ;
mais, en cette occasion, elle était conforme au jugement des hommes éclairés. Monseigneur l'Archevêque
d'Alby, en quittant le Diocèse de Bayeux, avait prédit à
son Provicaire qu'un jour il serait appelé à l'Episcopat.
M. Garnier, Supérieur-général de St.-Sulpice, l'en avait
jugé digne, il y a plus de 10 ans ; et Monseigneur de
Quélen désirait vivement le compter parmi les suffragants
de sa Métropole. Ces pressentiments honorables éveillè-
rent-ils dans le cœur de M. Paysant des désirs ambitieux ?

Nous démentirions sans hésiter quiconque soutiendrait l'affirmative. Il connaissait trop bien les devoirs de l'Episcopat et l'immense responsabilité qu'ils entraînent, pour ne pas craindre l'éclat de cette nouvelle dignité. Ses prétentions se bornaient (il nous l'a répété souvent) à terminer paisiblement sa vie au sein d'une communauté religieuse, quand l'âge ou les infirmités l'auraient rendu incapable de supporter le fardeau des affaires. Si, à la mort de Monseigneur Dancel, en 1836, quelques personnes travaillèrent à faire tomber sur M. Paysant le choix de l'autorité, elles n'avaient point obtenu son consentement; et leurs démarches, auxquelles il resta toujours étranger, lui causèrent moins de satisfaction que de surprise. Nous croyons avoir dit à cet égard la vérité tout entière.

Bientôt l'évènement réalisa ces prévisions. Monseigneur Miollis, Evêque de Digne, donna sa démission, et son siége fut proposé à M. Paysant. Une telle perspective l'épouvanta ; et, sans répondre par un refus positif, il présenta des objections, il exprima des répugnances. Il savait qu'un Evêque doit s'identifier avec son troupeau, et il craignait de ne pouvoir se plier aux exigences de la situation qui allait s'offrir à lui ; il craignait l'impression que feraient sur lui les mœurs des provinces méridionales, si antipathiques au caractère normand ; il craignait surtout de rencontrer dans ses Diocésains ce sentiment de répulsion qu'il éprouvait lui-même ; enfin il pensait avec effroi que pour communiquer avec les habitants des montagnes, il serait obligé d'apprendre l'idiôme populaire. Ceux qui ont interprété ses répugnances d'après leurs propres idées ; ceux qui ont substitué à des motifs si raisonnables d'autres motifs moins désintéressés, ignorent sans doute que M. Paysant, en exposant ceux-ci au Ministre des cultes, voulait signer entre ses mains l'engagement formel de ne jamais accepter aucune proposition semblable : nous nous faisons un devoir de le leur apprendre.

Les représentations de M. Paysant furent agréées ; il avait repris ses travaux dans le Diocèse de Bayeux, et attendait tranquillement l'issue de cette affaire (car le siége de Digne était resté vacant) lorsqu'il apprit sa nomination à l'Evêché d'Angers. Il put se rappeler alors les paroles de Monseigneur Garibaldi, internonce du St.-Siége, et la volonté qu'il lui avait manifestée, d'appuyer son élection, quel que fût le Diocèse pour lequel on le présentât. Ces propositions réitérées, dont il ne trouvait pas la raison dans sa conduite, lui firent comprendre qu'une plus longue résistance pourrait contrarier les desseins de Dieu. Il fut donc nommé, par le Roi, Evêque d'Angers, le 29 septembre 1839, préconisé par le souverain Pontife dans le consistoire du 23 décembre 1839, et consacré à Caen, dans l'Eglise de St.-Etienne, le 25 février de l'année suivante. Monseigneur Robin, Evêque de Bayeux, présidait à cette imposante solennité, dont notre ville conservera long-temps le souvenir. Au moment de quitter son ami, devenu son collègue, Sa Grandeur se félicita de pouvoir ajouter un nouveau témoignage d'estime à l'expression de ses regrets affectueux. Nosseigneurs les Evêques de Séez et de Coutances assistaient le Pontife consécrateur. Le Chapitre de Bayeux, une députation de celui d'Angers, conduite par M. l'abbé Regnier, Vicaire-général, plus de trois cents prêtres de notre Diocèse, les fonctionnaires de la Ville et ceux du Département, plusieurs magistrats de la Cour royale, une multitude de fidèles remplissaient la vaste basilique.

Ecoutons le pieux Evêque rendre compte à son troupeau des sentiments qui se pressaient dans son âme, tandis qu'on appelait sur lui les dons de l'Esprit-Saint :

« Qu'il fut touchant et solennel, N. T. C. F., le moment
» où, tandis que nous étions prosterné sur le pavé du tem-
» ple, les Pontifes, les Prêtres et les fidèles appelaient
» sur nous les grâces et les bénédictions du ciel, la pro-
» tection de la Mère de Dieu, l'intercession des Anges et
» des Saints ! Que ne nous est-il donné de vous faire com-
» prendre ce qui se passait alors dans notre âme ! comme
» elle s'unissait au troupeau dont nous allions devenir le
» Pasteur, comme nous sentions se former les liens de
» charité et d'affection qui doivent à jamais nous unir à
» vous; comme nous envisagions des yeux de la foi, le
» compte que Dieu nous demandera un jour de vos âmes,
» comme nous implorions la grâce de tout faire et de
» tout sacrifier pour vous gagner et vous conserver tous
» à J. C., afin de pouvoir lui dire au jour de sa divine
» justice : J'ai gardé ceux que vous m'aviez confiés, et nul
» n'a péri. »

Enfin il se leva, les yeux mouillés de larmes, et, avec
une modestie pleine de dignité, il bénit ce clergé, dans
les rangs duquel il avait si long-temps combattu; ces
magistrats, auxquels il avait su inspirer autant de respect
pour son ministère que d'estime pour sa personne; ce
peuple au milieu duquel Dieu l'avait fait naître, et qui
maintenant se courbait devant lui. Ne vous étonnez
pas, semblait-il dire à ceux qui le contemplaient avec ad-
miration. Ma famille, il est vrai, était la plus petite en
Israël; mais celui qui est puissant a fait en moi de grandes choses; il a daigné regarder la bassesse de son ser-
viteur.

Quelques jours après, Monseigneur Paysant faisait son
entrée dans son nouveau Diocèse. La calomnie l'y avait
devancé.

La calomnie ne prend pas toujours soin de se mettre
d'accord avec elle-même; Monseigneur Paysant put s'en
convaincre. Ainsi, tandis qu'elle le représentait aux ha-

bitants d'Angers comme ayant brigué les faveurs du pouvoir, elle le dénonçait au pouvoir comme un ennemi des institutions actuelles; elle lui reprochait ses liaisons avec les familles les plus respectables du Diocèse de Bayeux, et même l'hospitalité qu'il eut l'honneur d'offrir à Monseigneur de Quélen, lorsque le Prélat passa par Caen, pour se rendre à Notre-Dame-de-la-Délivrande.

Sur ce point, comme sur tous les autres, nous allons dire la verité. Monseigneur Paysant croyait que l'Eglise, étant appelée à survivre aux révolutions politiques, doit se soumettre aux pouvoirs régulièrement constitués, et qu'il n'est jamais permis d'attirer sur elle la persécution. Il n'aurait pas approuvé une opposition systématique, qui aurait entravé la marche des affaires, et établi une hostilité permanente entre les fonctionnaires ecclésiastiques et les fonctionnaires civils. Il pensait que, sans jamais renoncer à ses affections, il est quelquefois utile de leur imposer silence. Ceux qui ne partageraient pas ce sentiment sont priés de remarquer que ceci n'est point une théorie, mais simplement l'exposition d'un fait. Il énonçait donc les principes qui l'ont toujours dirigé, quand il disait, dans sa lettre pastorale : « Dignes magistrats, sages adminis-
» trateurs qui voulez le maintien de l'ordre et de la paix,
» et qui le voulez avec justice et impartialité, vous nous
» trouverez toujours marchant vers le même but, dans
» l'esprit de douceur et de conciliation qui convient à
» notre ministère. »

Le jour où quelques-uns d'entre eux oublièrent à quelles conditions leur nouvel Evêque leur avait promis son concours, l'Evêque sut montrer à la France et à toute l'Eglise qu'un refus énergique, une résistance invincible ne sont inconciliables ni avec les tempéraments de la charité, ni avec les règles de la prudence. Au reste, il est consolant de le proclamer, le clergé et les fidèles du Diocèse

d'Angers s'unirent pour repousser ces insinuations malveil-
lantes ; et nous aimons à répéter après MM. les Vicaires-généraux, que le jour où M. Paysant entra pour la
première fois dans sa ville épiscopale, il y fut accueilli
comme *un ange consolateur*. « Une foule immense, nous
» disent-ils, se pressait sur ses pas et recevait les prémi-
» ces de ses bénédictions. Un nombreux clergé lui servait
» de cortége ; les autorités de tous les ordres rehaussaient
» par leur concours l'éclat de la solennité ; la confiance
» dilatait tous les cœurs ; la joie rayonnait sur tous les
» fronts. »

Ces espérances ne devaient pas être démenties. Le
successeur de Monseigneur Montault fut bientôt apprécié. L'opinion qui lui attribuait une sévérité exagé-
rée et une rigueur inflexible, s'était effacée devant ses
premières paroles ; elle tomba devant les premiers actes
de son administration. « Nous sommes devenu votre
» Evêque, avait-il dit, non pour vous traiter avec empire
» et vous commander avec hauteur : J. C. lui-même nous
» en fait la défense ; mais nous le sommes devenu pour
» vous conduire avec sagesse dans les voies de Dieu et vous
» gouverner avec prudence dans l'ordre du salut : *Spiritus*
» *sanctus posuit Episcopos regere ecclesiam Dei.*

  « Nous sommes devenu le père spirituel d'une grande
» famille, non pour faire peser sur elle une domination
» sévère, mais bien pour y exercer une autorité vraiment
» paternelle, image vivante de celle de Dieu même, d'où
» vient toute paternité dans le ciel et sur la terre : *Ex quo*
» *omnis paternitas in cœlis et in terrâ nominatur.* »

Sans doute, les Angevins se seraient trompés s'ils avaient
cru trouver en lui cette molle condescendance, ou si l'on
veut cette facilité de caractère qui transige avec les difficultés, pour arriver plus promptement à la solution. Monseigneur Paysant procédait avec une circonspection pru-
dente, et après avoir sagement calculé ses moyens ; mais

dès que le but lui paraissait juste et le résultat possible, il y tendait avec une patiente énergie, qu'aucune opposition ne pouvait lasser. La fermeté de ses résolutions croissait en raison des obstacles qu'on lui suscitait, « et » ceux qui ont assisté à ses conseils, disent encore MM. les » Vicaires-généraux, savent seuls tout ce que le Diocèse » d'Angers pouvait attendre de cette haute sagesse, unie à » tant de lumières, et animée par un si parfait dévoue- » ment. »

Mais c'était surtout quand il fallait punir des désordres capables de compromettre l'honneur du sacerdoce, qu'il écartait loin de lui toute faiblesse. Alors il déployait une vigueur aussi grande que son zèle pour la discipline était pur. Une déplorable et scandaleuse affaire lui fournit bientôt l'occasion de l'exercer. Un prêtre du diocèse d'Angers fut accusé d'immoralité. L'Evêque informa canoniquement contre lui, et le coupable quitta le Diocèse. Cependant, malgré son absence, il est dénoncé au ministère publique, et le tribunal correctionnel d'Angers dirige des poursuites contre lui. Pendant le cours de l'instance, le procureur du roi fait citer Monseigneur l'Evêque et MM. Bernier et Lambert, l'un Vicaire-général, l'autre chanoine titulaire, aux fins d'apporter devant les magistrats les renseignements qu'ils pourraient avoir sur la prévention. En effet, le 30 janvier 1841, Monseigneur Paysant comparaissait à l'audience du tribunal, et déclarait, comme il l'avait déjà fait dans sa correspondance avec le substitut du Procureur du roi, que, malgré son désir d'éclairer la justice sur les faits imputés à l'abbé Leconte, il ne pouvait prêter serment de dire toute la vérité; attendu qu'il avait lui-même dirigé des poursuites disciplinaires contre le coupable, et que, dans le cours de ces poursuites, il avait *reçu des déclarations sous la foi du secret.* Interpellé par le Président du tribunal, Monseigneur soutint également que ses délégués, ayant procédé, en vertu d'une ordonnance épiscopale, à l'enquête canonique, qui avait eu pour objet les faits dont le tribunal était saisi, se trouvaient investis de sa juridiction, et ne formaient qu'une même personne avec leur Evêque ; conséquemment, qu'ils ne pouvaient révéler *les déclarations reçues par eux sous la foi du secret.*

Observons-le avec soin ; Monseigneur se reconnaissait obligé en conscience à révéler tous les faits qui seraient parvenus à sa connaissance, en dehors de sa juridiction ecclésiastique ; et il offrait d'indiquer le nombre des dépositions qu'il avait reçues, l'âge des déposants, les rapports dans lesquels ils étaient avec l'accusé.

Le tribunal trouva cette déclaration insuffisante, et rendit un jugement qui condamnait Monseigneur à 50 fr. d'amende et aux frais de l'incident. MM. Bernier et Lambert furent condamnés à 25 fr. d'amende et aux frais. Un des considérants de ce jugement déclarait toute juridiction épiscopale abolie, et n'accordait aux Evêques que des attributions purement spirituelles, même envers leurs subordonnés dans la hiérarchie.

Le 8 février, Monseigneur l'Evêque et son délégué interjetèrent appel du susdit jugement, par devant la cour royale d'Angers. Nous n'insistons pas pour faire remarquer la gravité de la question soulevée par la résistance de Monseigneur Paysant aux prétentions du tribunal. L'opinion publique la comprit aussitôt ; et cette question devint l'objet d'une ardente polémique entre les journaux. Les avocats de Paris la discutèrent en conseil ; et de savantes consultations furent rédigées, par ceux de notre province, dans un sens très-favorable à la juridiction ecclésiastique (1). En résumé, presque tous les juriscon-

____

(1) Nous nous plaisons à citer les noms de MM. Trolley, Lecerf,

sultes s'accordaient sur ce point, que le premier jugement devait être infirmé, ou parce que l'Evêque et ses
délégués ne devaient à la justice aucune révélation *des
déclarations reçues par eux sous la foi du secret*, dans
l'exercice de leurs fonctions disciplinaires; ou parce que,
dût-on admettre la prétention du tribunal, la prétention
contraire de l'Evêque établissait un conflit, et qu'il n'appartenait qu'au Conseil d'Etat de vider cette question
préjudicielle.

Le 29 mars 1841, la chambre des appels correctionnels
de la Cour royale d'Angers se réunit, sous la présidence
de M. le premier Président, pour statuer sur l'appel de
Monseigneur l'Evêque et de son délégué. Deux questions se présentaient à résoudre. En droit, les appelants
étaient-ils dans un cas d'exception qui les autorisât à user
de réserves, dans les révélations par eux faites à la justice ? En fait, indépendamment de ces restrictions et de
ces réserves, avaient-ils fourni tous les renseignements
nécessaires aux poursuites de l'accusation ?

Les moyens d'appel de Monseigneur Paysant furent
présentés par Mᵉ. Thomine, la gloire du barreau de
Caen, et qui déjà, plus d'une fois, avait mis sa haute
raison, sa logique vigoureuse, et sa science de juriscon-
sulte au service des intérêts religieux. A son début, l'avocat présenta quelques considérations morales sur les
funestes conséquences que devait entraîner, pour l'honneur des familles, la prétention du tribunal, dans le cas
où l'Evêque eût été moins bien inspiré. Ensuite, il établit
qu'un simple particulier, même en matière criminelle, ne
peut être contraint de révéler des faits qui lui ont été
confiés *sous la foi du serment*. Il réclama le bénéfice de

G. Delisle, dont les consultations ne furent pas sans influence sur
l'arrêt de la Cour.

cette proposition pour Monseigneur l'Evêque d'Angers et son délégué. Il prouva qu'en les assujettissant à déposer sur les faits de la prévention, le tribunal avait violé la loi fondamentale, et attaqué, dans son essence, le libre exercice du culte catholique, protégé par le concordat; attendu que les Prêtres, et à plus forte raison l'Evêque, sont, par état, dépositaires de secrets inviolables, même en dehors de la confession. Dans la seconde partie de son plaidoyer, Me. Thomine démontra, par une foule de textes et de décrets, que la juridiction épiscopale est formellement reconnue et écrite dans la loi, nonobstant la suppression des anciennes officialités.

Ce dernier point ne fut pas contesté par le Procureur général. Mais, en admettant que la loi devait ténir compte de la juridiction disciplinaire des Evêques, il s'efforça de prouver que l'exercice de ce pouvoir n'exigeait pas, comme condition indispensable, le secret absolu des en-quêtes canoniques. Ensuite, arrivant à l'appréciation du langage tenu par Monseigneur l'Evêque d'Angers, le ma-gistrat du parquet accorda des éloges à « la haute sagesse
» du Prélat, et déclara qu'il avait su rendre la réticence,
» à laquelle il s'était cru obligé, indifférente pour les
» intérêts de la justice. »

Les conclusions du Procureur-général ne furent point admises par la cour. Dans son audience du 31 mars, elle rendit un arrêt, longuement motivé, entièrement con-forme au système présenté par l'avocat de Monseigneur Paysant. Si le délégué de Sa Grandeur ne fut pas déchargé de la condamnation portée contre lui, c'est que la Cour jugea sa déposition incomplète, et prétendit qu'il avait usé de réticences, auxquelles il n'était pas tenu par devoir. Telle fut la fin de ce débat solennel. En écartant la pré-tention du tribunal, l'arrêt de la Cour a posé les limites de la juridiction civile, et mis hors d'atteinte les droits de l'Episcopat; il fera époque dans nos annales judiciaires.

Quoique cette douloureuse épreuve n'eût servi qu'à montrer la sagesse et la fermeté du Prélat, elle avait cruellement déchiré son cœur. Il l'accepta, comme une compensation aux joies dont sa première visite pastorale l'avait inondé.

Rien de plus touchant, en effet, que l'empressement religieux avec lequel il fut accueilli par toutes les populations de son Diocèse; les différentes localités rivalisaient à son passage d'enthousiasme et de respect. Aux portes des maisons, à l'entrée des villages et jusque sur les routes publiques, nous dit l'auteur de son éloge funèbre, la foule semblait heureuse de sa présence. Comment n'aurait-il pas été profondément ému, en trouvant partout (nous répétons ce que sa bouche a daigné nous dire) des Pasteurs animés de l'esprit sacerdotal, et dévoués à leur mission sainte, des Chrétiens éclairés sur leurs devoirs, fidèles à les remplir, et une multitude de bonnes œuvres alimentées par une inépuisable charité. De son côté, le troupeau admirait le zèle infatigable de son Pasteur, qui « ne reculait devant aucun travail, ne » se rebutait d'aucune lassitude, ne connaissait aucun » ménagement. »

Cet éloge ne saurait être suspect; il lui est décerné par MM. les Vicaires-généraux d'Angers, qui l'avaient vu souvent, « après avoir accompli les plus pénibles fonc-» tions, s'empresser à visiter les écoles, les établisse-» ments pieux et les pauvres malades; donnant des con-» solations à la vertu et des encouragements à la souf-» france, et laissant partout le touchant exemple d'une » douce et insinuante charité. » Ce dévouement n'a cessé qu'avec sa vie; il en a marqué tous les instants. « Jamais, » nous disent ses dignes conseillers, nous ne l'avons » trouvé au palais épiscopal occupé d'autre chose que

» des intérêts de son Diocèse ; jamais il ne nous a montré
» de sollicitude que pour son cher troupeau ; les exercices
» de piété sont les seuls délassements que nous l'ayons
» vu prendre. » Plus loin, ils plaignent ceux « qui n'ont
» pas eu le temps de connaître et d'apprécier l'inexpri-
» mable bonté de son cœur ; » et ils se félicitent de
l'avoir trouvé, « dans le commerce habituel de la vie,
» bon, simple, délicat, affectueux avec tous ceux qui
» lui donnaient une confiance qu'il recherchait, et dont
» sa belle âme était agréablement flattée. »

Hélas ! ces qualités aimables ne devaient bientôt leur
laisser que des souvenirs et des regrets. Déjà Monseigneur
Paysant avait recommencé ses visites pastorales, et, malgré
les avertissements et les prières, il refusa d'en suspendre
le cours, pour réparer ses forces épuisées par les travaux
et les veilles. Il se rappelait l'engagement qu'il avait
pris de visiter les lieux les plus ignorés de son vaste
Diocèse, et il lui tardait de l'accomplir.

Le 5 septembre il s'était rendu à Bôcé, petit village
situé à une lieue de la ville de Beaugé, que la visite de
son premier pasteur avait remplie d'allégresse. Comme ce
jour était un dimanche, Monseigneur avait célébré l'office
pontificalement. Le soir, il se plaignit d'un violent mal
de tête ; la congestion cérébrale augmenta pendant la
nuit ; et le lundi matin, quand le domestique de Monseigneur entra dans sa chambre, il le trouva immobile, privé
de connaissance, et presque sans vie : l'apoplexie l'avait
foudroyé. Dire qu'on lui prodigua les soins les plus
empressés, c'est dire ce qu'on devinera sans peine ; mais
l'accident était trop grave ; et d'ailleurs il avait été pré-
cédé d'un épuisement progressif. Aussi les secours de
l'art furent inutiles ; Monseigneur ne put recouvrer la
parole, mais ses gestes accusèrent plusieurs fois les souffrances du cerveau ; il parut même se prêter aux soins

dont il était l'objet, et M. Gourdon nous apprend que, vers la fin 'de cette journée, un acte de confiance dans les mérites de J. C. rédempteur, termina son agonie. Il porta sa main à son front pour y former le signe de la croix, puis elle retomba sur son cœur, qui cessa de battre presque aussitôt. Monseigneur Paýsant était âgé de cinquante quatre ans.

Il est mort entre les bras de M. l'abbé Régnier, son Vicaire-général, qui l'accompagnait toujours, pour lequel il professait un attachement plein d'estime, et qui était le confident de toutes ses pensées. Sans doute les coups de la mort sont d'autant plus terribles qu'ils sont plus imprévus; cependant, nous ne croyons pas nous abuser d'un vain espoir, en disant qu'elle a été pour Monseigneur Paysant le commencement du repos éternel : car elle l'a frappé dans l'exercice des bonnes œuvres, et au milieu des devoirs les plus saints. Quand il rendit son âme à Dieu, deux jours ne s'étaient point encore écoulés depuis qu'il s'était purifié par le sacrement de pénitence. S'il eût connu sa fin prochaine, qu'aurait-il fait de plus pour s'y préparer ? On a eu raison de dire : Le juste n'est jamais surpris.

Cependant le corps du Prélat défunt fut transporté dans sa ville épiscopale, où il était entré lui-même dix-huit mois auparavant, au milieu des acclamations populaires et de la joie la plus vive. Elle avait fait place à un silence religieux, qui n'était interrompu que par les chants funèbres. Ce contraste frappa vivement tous les esprits. « Chacun, disent » les journaux d'Angers, exprimait ses regrets de voir » moissonné si tôt un Prélat à qui semblaient réservées » encore de longues années, et qui avait su mettre en » évidence, indépendamment de ses vertus évangéliques, » les qualités essentielles d'un bon administrateur. »

Aussitôt que les restes du Pontife eurent été exposés dans

la galerie de son palais, les fidèles s'y portèrent en foule, pour contempler ces traits vénérables, empreints comme autrefois d'une sérénité parfaite. Ces derniers hommages furent unanimes, comme ceux qui avaient entouré Monseigneur Paysant à son arrivée. Le samedi 11 septembre, la cérémonie des obsèques fut célébrée par Monseigneur de Hercé, Evêque de Nantes. Les habitants de la ville et des communes environnantes affluaient dans les rues que devait parcourir le cortége. Un clergé nombreux, plusieurs communautés religieuses, les autorités civiles et militaires, toutes les administrations, et un grand nombre de citoyens en deuil précédaient ou suivaient le cercueil du Prélat, pour lequel une place avait été préparée dans le caveau des Evêques. Les cordons d'honneur étaient tenus par M. le Préfet, M. le Maire, M. le Procureur général, et M. le Maréchal de camp, commandant le département de Maine-et-Loire. Quatre autres étaient portés par des ecclésiastiques : M. Quincé, doyen du Chapitre, M. Vrignault, Vicaire-général de Nantes, M. le curé de Beaufort, et M. l'abbé Marie, aumônier de l'hospice St.-Louis à Caen, et chanoine honoraire d'Angers. La veille, celui-ci avait demandé à MM. les membres du Chapitre une faveur, à laquelle il attachait le plus grand prix, et qui lui fut accordée avec un gracieux empressement : c'était d'emporter à Caen le cœur de Monseigneur Paysant, pour le déposer dans l'église de l'hospice, où le Prélat avait passé vingt années de sa vie, et qui toujours posséda ses plus chères affections.

Déjà Monseigneur l'Evêque de Bayeux, qui se disposait à visiter son vénérable collégue, quand il apprit sa mort, avait célébré pour lui, dans cette église, un service funèbre (1). Aussitôt que l'autorisation demandée par les

---

(1) Un service a été également célébré dans l'église cathédrale de Bayeux, pour le repos de l'ame de Mg'. Paysant, le 20 septembre 1841.

Dames religieuses, avec le consentement de l'Administration des hospices, a été obtenue, Sa Grandeur a placé so-
lennellement le cœur de Monseigneur Paysant au pied de
l'autel sur lequel il offrait autrefois le saint sacrifice, au
milieu des pauvres de J. C., des enfants abandonnés et des
vierges charitables qui ne cessent de leur prodiguer les
soins les plus touchants. Il s'était éloigné de ces lieux, pour
obéir à l'Eglise et servir sa cause, mais il n'avait pu s'en
détacher entièrement. Cette ingénieuse pensée fait partie
de l'inscription gravée sur le marbre qui le recouvre.

Hic
inter Christi pauperes,
infantesque derelictos,
ac Sanctimoniales,
utrisque curandis fovendisque addictas,
Cor
Ill. ac R R. D D. Ludovici Roberti PAYSANT,
Andegavensis Episcopi,
anteà Vicarii generalis Bajocensis,
requiescit.
Indè Ecclesiæ causâ et jussu
abscedere potuerat, non avelli.
Obiit Bôcé,
suam Diœcesim visitans,
Die VI[a] septembris
MDCCCXLI.